ANIMALS
That Make a Difference!

Ladybugs
Catarinas

Ashley Lee

Explore other books at:
WWW.ENGAGEBOOKS.COM

VANCOUVER, B.C.

WWW.ENGAGEBOOKS.COM

Ladybugs: Level 1 Bilingual (English/Spanish) (Ingles/Español)
Animals That Make a Difference!
Lee, Ashley 1995 –
Text © 2021 Engage Books
Edited by: A.R. Roumanis
and Lauren Dick
Translated by: Juan Ortega Aliaga
Proofread by: Andrés Cordero

Text set in Arial Regular.
Chapter headings set in Arial Black.

FIRST EDITION / FIRST PRINTING

LIBRARY AND ARCHIVES CANADA CATALOGUING IN PUBLICATION

Title: Animals That Make a Difference: Ladybugs Level 1 Bilingual (English / Spanish) (Ingles / Español)
Names: Lee, Ashley, author.

ISBN 978-1-77476-396-4 (hardcover)
ISBN 978-1-77476-395-7 (softcover)

Subjects:
LCSH: Ladybugs—Juvenile literature
LCSH: Human-animal relationships—Juvenile literature

Classification: LCC QL596.C65 L44 2020 | DDC J595.76/9—DC23

Contents Contenidos

What Are Ladybugs?
Qué son las catarinas?

Ladybugs are a kind of beetle. They are also called lady beetles or ladybirds.

Las catarinas son un tipo de escarabajo. Ellas también son llamadas mariquitas o vaquita de San Antonio.

Ladybugs are very helpful to people, other animals, and Earth. Las catarinas son de mucha ayuda para las personas, para otros animales, y para el planeta.

What Do Ladybugs Look Like?

Cómo se ven las catarinas?

Ladybugs are only 0.4 inches (1 centimeter) long. Most ladybugs are red, orange, or yellow. Some ladybugs have black or red spots.

Las catarinas son de apenas 0.4 pulgadas (1 centímetro) de largo. La mayoría de las catarinas son rojas, anaranjadas, o amarillas. Algunas catarinas tienen puntos rojos o negros.

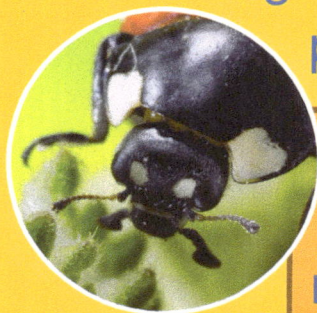

Ladybugs have feelers on their heads. They are used to smell, taste, and touch.

Las catarinas tienen antenas en sus cabezas. Son usadas para oler, probar, y tocar.

A ladybug's front wings are hard and brightly colored. They protect the back wings.
Las alas frontales de una catarina son de color brillante e intenso. Protegen las alas posteriores.

A ladybug's back wings are four times larger than their bodies. They stay folded under the front wings until it is time to fly.
Las alas traseras de una catarina son cuatro veces más largas que sus cuerpos. Estas se mantienen dobladas debajo de las alas frontales hasta que es tiempo de volar.

Where Do Ladybugs Live?
Dónde viven las catarinas?

Ladybugs live all over the word. They make their homes in trees, bushes, or gardens.

Las catarinas viven en todo el mundo. Ellas hacen sus hogares en árboles, arbustos, o jardines.

Pink spotted ladybugs are found in the United States. Mexican bean beetles come from Mexico. Three-banded ladybugs are found in Europe.

Las catarinas con puntos rosa se encuentran en los Estados Unidos. Los escarabajos mexicanos vienen de México. Las catarinas de 3 franjas se encuentran en Europa.

Europe
Europa

Europe
Europa

United States
Estados Unidos

North America
Norteamérica

Asia
Asia

Atlantic
Ocean

Océano
Atlántico

Africa
África

Indian
Ocean

Océano
Índico

South America
Sudamérica

Mexico
México

Pacific
Ocean

Océano
Pacífico

Southern
Ocean

Océano
Antártico

2,000 miles
2,000 millas
0
0
4,000 kilometers
4,000 kilómetros

N

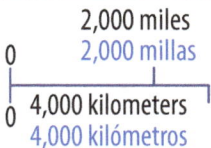

What Do Ladybugs Eat?
Qué comen las catarinas?

Ladybugs eat smaller insects. Most ladybugs eat tiny insects called aphids.
Las catarinas comen pequeños insectos. La mayoría de catarinas comen pequeños insectos llamados áfidos.

Some ladybugs eat mushrooms or leaves.
Algunas catarinas comen hongos u hojas.

Ladybugs do not chew up and down. They chew side to side.
Las catarinas no mastican de arriba hacia abajo. Ellas mastican de lado a lado.

How Do Ladybugs Talk to Each Other?

Cómo se comunican las catarinas entre ellas?

Ladybugs make smelly chemicals called pheromones. They put these chemicals around their homes. The smell can attract other ladybugs or warn them of danger.

Las catarinas producen químicos olorosos llamados feromonas. Ellas ponen estos químicos alrededor de sus hogares. El olor puede atraer a otras catarinas o advertirles de algún peligro.

Ladybugs can release liquid from their legs. The liquid tastes very bad and warns larger animals not to eat them.

Las catarinas pueden liberar líquidos de sus patas. El líquido sabe muy mal y advierte a los animales más grandes de no comerselas.

Ladybug Life Cycle
El ciclo de vida de la catarina

Ladybugs can lay hundreds of eggs at one time. Ladybug eggs hatch after 2 to 5 days.
Las catarinas pueden poner cientos de huevos al mismo tiempo. Los huevos de las catarinas revientan después de 2 a 5 días.

Baby ladybugs are called larvae. They look like tiny alligators.
Las catarinas bebés son llamadas larvas. Se ven como pequeños lagartos.

Larvae create hard shells around their bodies. Larvae in shells are called pupae. Pupae stay in their shells for about a week.

Las larvas crean fuertes caparazones alrededor de sus cuerpos. Las larvas en caparazones son llamadas pupas. Las pupas se quedan en sus caparazones por cerca de una semana.

Ladybugs are adults when they crawl out of their hard shells. They live for 2 to 3 years.

Las catarinas llegan a la adultez cuando ellas se deslizan fuera de sus fuertes caparazones. Ellas viven de 2 a 3 años.

Curious Facts About Ladybugs

Ladybugs cannot fly in temperatures below 55° fahrenheit (13° celsius). Las catarinas no pueden volar en temperaturas que estén por debajo de los 55°fahrenheit (13° celsius).

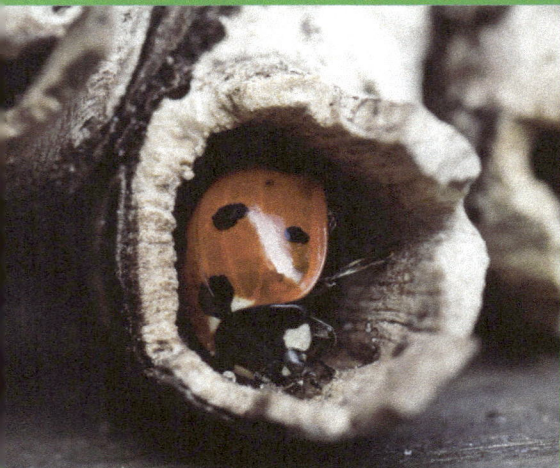

Ladybugs hibernate during winter. This means they sleep until the weather gets warmer. Las catarinas hibernan durante el invierno. Esto significa que duermen hasta que el clima sea cálido.

The spots on a ladybug fade as they get older. Los puntos en las catarinas desaparecen mientras envejecen.

Datos curiosos acerca de las catarinas

One ladybug will eat almost 5,000 insects during its life.
Una catarina comerá aproximadamente 5,000 insectos durante su vida.

NASA sent ladybugs to space in 1999.
La Nasa envió catarinas al espacio en 1999.

Ladybugs beat their wings about 85 times every second when they fly.
Las catarinas baten sus alas cerca de 85 veces cada segundo cuando vuelan.

Kinds of Ladybugs
Tipos de catarinas

There are around 5,000 kinds of ladybugs. Some kinds of ladybugs have lots of spots. Some have no spots at all.

Hay alrededor de 5,000 tipos de catarinas. Algunos tipos de catarinas tienen muchos puntos. Otras no tienen ni un solo punto.

2-spot ladybugs are one of the most common ladybugs. They can be red with black spots or black with red spots.

Las catarinas de 2 puntos son una de las catarinas más comunes. Ellas pueden ser rojas con puntos negros o negras con puntos rojos.

18

22-spotted ladybugs are yellow with black spots. They are one of the few ladybugs that eat mushrooms.

Las catarinas de 22 puntos son amarillas con puntos negros. Ellas son una de las pocas catarinas que comen hongos.

Steelblue ladybugs only live in Australia and New Zealand. They do not have any spots.

Las catarinas azul acero solo viven en Australia y Nueva Zelanda. Ellas no tienen puntos.

How Ladybugs Help Earth
Cómo las catarinas ayudan al planeta

Aphids are tiny bugs that eat and poison plants. Ladybugs help get rid of aphids so plants can grow.

Los Áfidos son pequeños insectos que comen y envenenan plantas. Las catarinas ayudan a deshacerse de los áfidos así las plantas pueden crecer.

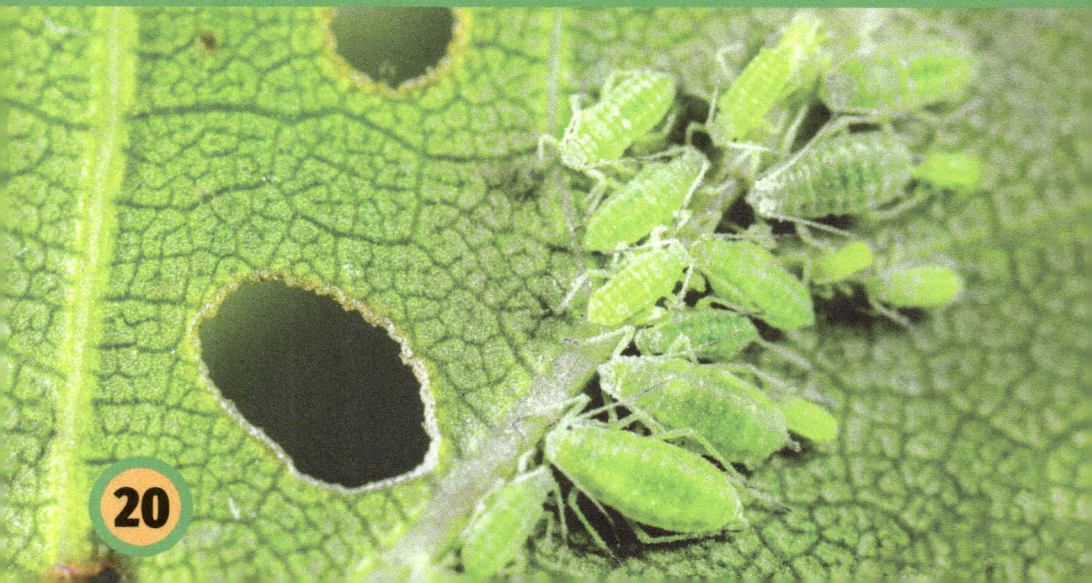

Ladybugs lay their eggs in areas with lots of aphids. Ladybug larvae eat the aphids when they hatch.

Las catarinas ponen sus huevos en áreas que tienen muchos áfidos. Las larvas de las catarinas comen áfidos cuando nacen.

How Ladybugs Help Other Animals

Cómo las catarinas ayudan a otros animales

Some farmers use chemicals to get rid of bugs that harm plants. These chemicals can make animals sick.

Algunos granjeros usan químicos para deshacerse de los insectos que dañan a las plantas. Estos químicos pueden enfermar a los animales.

Ladybugs eat these harmful bugs. This means farmers do not have to use as many chemicals.

Las catarinas se comen a estos insectos dañinos. Esto significa que los granjeros no tienen que usar muchos químicos.

How Ladybugs Help Humans
Cómo las catarinas ayudan a los seres humanos

Aphids can destroy entire fields of food if left alone.

Los áfidos pueden destruir campos enteros de alimentos si no se los extermina.

People would have a hard time growing food without ladybugs.

Las personas tendrían mucha dificultad al cultivar alimentos si no fuera por las catarinas.

Ladybugs in Danger
Catarinas en peligro

The Asian ladybug was brought to North America from Asia by humans. They chase other ladybugs away from their homes.

La catarina asiática fue traída a Norteamérica desde Asia por las personas. Ellas espantan a otras catarinas lejos de sus hogares.

The nine-spotted ladybug has started disappearing. The Asian ladybug is eating all their food and taking over their homes.

La catarina de nueve puntos ha empezado a desaparecer. La catarina asiática se está comiendo todo su alimento y apropiándose de sus hogares.

How To Help Ladybugs
Cómo ayudar a las catarinas

People are helping ladybugs by planting colorful flowers. This attracts ladybugs and gives them a safe place to live. Most ladybugs like marigolds, cosmos, and calendula.

Las personas están plantando flores coloridas para ayudar a las catarinas. Esto atrae a las catarinas y les da un lugar seguro donde vivir. A la mayoría de las catarinas les gustan las damasquinas, el cosmos, y la caléndula.

Many people build ladybug houses. This gives ladybugs a safe place to sleep.

Muchas personas construyen hogares para catarinas. Esto les da a las catarinas un lugar seguro donde dormir.

29

Quiz
Cuestionario

Test your knowledge of ladybugs by answering the following questions. The questions are based on what you have read in this book. The answers are listed on the bottom of the next page.

Pon a prueba tu conocimiento acerca de las catarinas respondiendo las siguientes preguntas. Las preguntas están basadas en lo que leíste en este libro. Las respuestas están listadas al final de la siguiente página.

1
Where do ladybugs make their homes?
Dónde construyen sus hogares las catarinas?

2
What do ladybugs eat?
Qúe comen las catarinas?

3
How long do ladybugs live?
Cuánto tiempo viven las catarinas?

4
What happens to a ladybug's spots as they get older?
Qué sucede con los puntos de las catarinas mientras envejecen?

5
What are aphids?
Qué son los áfidos?

6
What flowers do most ladybugs like?
Qué flores les gustan más a las catarinas?

Explore other books in the Animals That Make a Difference series.

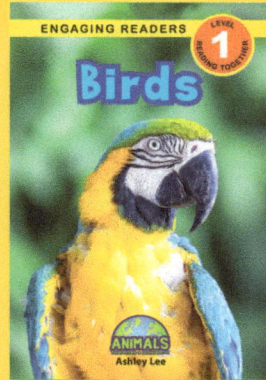

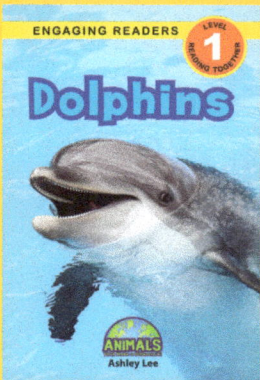

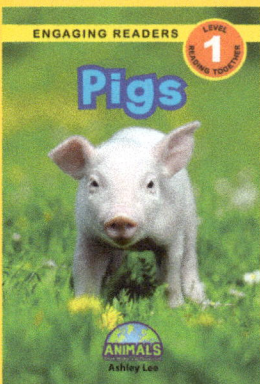

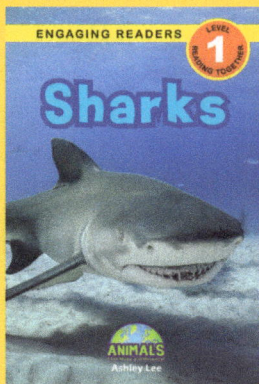

ENGAGING READERS — LEVEL 1 — READING TOGETHER
Bees
Jared Siemens

ENGAGING READERS — LEVEL 1 — READING TOGETHER
Bats
Ashley Lee

ENGAGING READERS — LEVEL 1 — READING TOGETHER
Birds
Ashley Lee

ENGAGING READERS — LEVEL 1 — READING TOGETHER
Dolphins
Ashley Lee

ENGAGING READERS — LEVEL 1 — READING TOGETHER
Horses
Ashley Lee

ENGAGING READERS — LEVEL 1 — READING TOGETHER
Ladybugs
Ashley Lee

ENGAGING READERS — LEVEL 1 — READING TOGETHER
Pigs
Ashley Lee

ENGAGING READERS — LEVEL 1 — READING TOGETHER
Sharks
Ashley Lee

ENGAGING READERS — LEVEL 1 — READING TOGETHER
Squirrels
Ashley Lee

Visit www.engagebooks.com to explore more Engaging Readers.

Respuestas:
1. En árboles, arbustos, o jardines 2. Pequeños insectos, hongos y hojas
3. De 2 a 3 años 4. Desaparecen 5. Pequeños insectos que comen
y envenenan plantas 6. Damasquinas, Cosmos, y caléndula

Answers:
1. In trees, bushes, or gardens 2. Smaller insects, mushrooms,
and leaves 3. 2 to 3 years 4. They fade 5. Tiny bugs that eat
and poison plants 6. Marigolds, cosmos, and calendula

www.ingramcontent.com/pod-product-compliance
Lightning Source LLC
Chambersburg PA
CBHW051238020426
42331CB00016B/3425